www.ingramcontent.com/pod-product-compliance
Lightning Source LLC
Chambersburg PA
CBHW080003280326
41935CB00013B/1742
9781968369002

Rasmul Quraan

The Forgotten Practice of Writing Quraan

WorkBook

1

al BaQaraH Hizb1 Juz 1

Timbuktu Press

Rasmul Quraan: The Forgotten Practice of Writing the Quraan

Published in the United States by Timbuktu Press – www.timbuktupress.com

Timbuktu Press First Edition, 2025

ISBN: 978-1-968369-00-2

About this Workbook

Traditionally, the memorization of Quraan included writing it out by hand. It was understood that through writing out the Quraan, its aayaat would be sealed into the hearts and minds of the up and coming students. However, with the advent of electronic tablets and video games, the practice of writing out the Quraan has been rapidly disappearing. This workbook is our attempt to fight this dangerous trend.

When a student was preparing to write out the Quraan, he would find a wooden board called a "LawH" to write on. The average LawH could fit a Hizb of Quraan on it. After memorizing the written Hizb, the student would wash the LawH and start writing a new Hizb.

In keeping with this tradition, each one of these workbooks is one Hizb, approximately ten pages in the modern day mus-haf. Simply trace the aayaat provided, and strengthen your memorization of Allaah's Words.

The entire Workbook series has been organized by Al-Ustaa**dh**ah, Umm Mujaahid Faatimah As-Salafy, under my direct supervision. Therefore, please bring any mistakes to my attention.

Abu Taubah Mukhlis

Director of Education/Timbuktu Seminary

26 Sha'baan 1446 H/2025 CE

Warning not to Abandon the Quraan

Those who are negligent in learning the Quraan are considered to have abandoned it. And only the enemies of the Prophet MuHammad, abandon the Quraan. In this regard; Allaah and His Messenger say,

وَقَالَ ٱلرَّسُولُ يَٰرَبِّ إِنَّ قَوْمِى ٱتَّخَذُوا۟ هَٰذَا ٱلْقُرْءَانَ مَهْجُورًا

وَكَذَٰلِكَ جَعَلْنَا لِكُلِّ نَبِىٍّ عَدُوًّا مِّنَ ٱلْمُجْرِمِينَ ۗ وَكَفَىٰ بِرَبِّكَ هَادِيًا وَنَصِيرًا

The Messenger (MuHammad) cried out to his Lord saying, "O my Lord! My people have taken to neglecting this Quraan."

And in this way, We have taken criminals and made them the enemies of every Prophet. But your Lord is a sufficient Guide and Helper[1].

And from the guidance and help of our Lord is that He has taught us by way of the PEN. We hope that this workbook inspires you to pick up your pen and write out the Quraan.

[1]Soorah 25 FurQaan 30-31

Major Symbols

صلى

It is preferred to continue reading, but stopping is permissible.

قلى

It is preferred to stop reading, but continuing without stopping is permissible.

ج

It is recommended to stop.

۩

This identifies a place wherein one should prostrate.

لا

no stop

Al Faatihah

بِسْمِ ٱللَّهِ ٱلرَّحْمَٰنِ ٱلرَّحِيمِ 1

ٱلْحَمْدُ لِلَّهِ رَبِّ ٱلْعَٰلَمِينَ 2

ٱلرَّحْمَٰنِ ٱلرَّحِيمِ 3

مَٰلِكِ يَوْمِ ٱلدِّينِ 4

إِيَّاكَ نَعْبُدُ وَإِيَّاكَ نَسْتَعِينُ 5

ٱهْدِنَا ٱلصِّرَٰطَ ٱلْمُسْتَقِيمَ 6

صِرَٰطَ ٱلَّذِينَ أَنْعَمْتَ عَلَيْهِمْ غَيْرِ

ٱلْمَغْضُوبِ عَلَيْهِمْ وَلَا ٱلضَّآلِّينَ 7

Al Baqarah

بِسْمِ ٱللَّهِ ٱلرَّحْمَٰنِ ٱلرَّحِيمِ

الٓمٓ 1 ذَٰلِكَ ٱلْكِتَٰبُ لَا رَيْبَ ۛ فِيهِ ۛ

هُدًى لِّلْمُتَّقِينَ 2 ٱلَّذِينَ يُؤْمِنُونَ

بِٱلْغَيْبِ وَيُقِيمُونَ ٱلصَّلَوٰةَ وَمِمَّا

رَزَقْنَٰهُمْ يُنفِقُونَ 3 وَٱلَّذِينَ

يُؤْمِنُونَ بِمَآ أُنزِلَ إِلَيْكَ وَمَآ أُنزِلَ

مِن قَبْلِكَ وَبِٱلْـَٔاخِرَةِ هُمْ يُوقِنُونَ 4

أُوْلَٰٓئِكَ عَلَىٰ هُدًى مِّن رَّبِّهِمْ ۖ

وَأُوْلَٰٓئِكَ هُمُ ٱلْمُفْلِحُونَ 5

إِنَّ ٱلَّذِينَ كَفَرُواْ سَوَآءٌ عَلَيۡهِمۡ

ءَأَنذَرۡتَهُمۡ أَمۡ لَمۡ تُنذِرۡهُمۡ لَا يُؤۡمِنُونَ

6 خَتَمَ ٱللَّهُ عَلَىٰ قُلُوبِهِمۡ وَعَلَىٰ

سَمۡعِهِمۡۖ وَعَلَىٰٓ أَبۡصَٰرِهِمۡ غِشَٰوَةٞۖ

وَلَهُمۡ عَذَابٌ عَظِيمٞ 7 وَمِنَ ٱلنَّاسِ

مَن يَقُولُ ءَامَنَّا بِٱللَّهِ وَبِٱلْيَوْمِ ٱلْـَٔاخِرِ

وَمَا هُم بِمُؤْمِنِينَ **8** يُخَـٰدِعُونَ ٱللَّهَ

وَٱلَّذِينَ ءَامَنُوا۟ وَمَا يَخْدَعُونَ إِلَّآ

أَنفُسَهُمْ وَمَا يَشْعُرُونَ **9** فِى

قُلُوبِهِم مَّرَضٌ فَزَادَهُمُ ٱللَّهُ مَرَضًا صلى

وَلَهُمْ عَذَابٌ أَلِيمٌ بِمَا كَانُوا۟

يَكْذِبُونَ 10 وَإِذَا قِيلَ لَهُمْ لَا

تُفْسِدُوا۟ فِى ٱلْأَرْضِ قَالُوٓا۟ إِنَّمَا

نَحْنُ مُصْلِحُونَ 11 أَلَآ إِنَّهُمْ هُمُ

ٱلْمُفْسِدُونَ وَلَٰكِن لَّا يَشْعُرُونَ 12

وَإِذَا قِيلَ لَهُمْ ءَامِنُوا۟ كَمَآ ءَامَنَ

ٱلنَّاسُ قَالُوٓا۟ أَنُؤْمِنُ كَمَآ ءَامَنَ

ٱلسُّفَهَآءُ ۗ أَلَآ إِنَّهُمْ هُمُ ٱلسُّفَهَآءُ

وَلَـٰكِن لَّا يَعْلَمُونَ 13 وَإِذَا لَقُوا۟

ٱلَّذِينَ ءَامَنُوا۟ قَالُوٓا۟ ءَامَنَّا وَإِذَا

خَلَوْاْ إِلَىٰ شَيَٰطِينِهِمْ قَالُوٓاْ إِنَّا

مَعَكُمْ إِنَّمَا نَحْنُ مُسْتَهْزِءُونَ 14

ٱللَّهُ يَسْتَهْزِئُ بِهِمْ وَيَمُدُّهُمْ فِى

طُغْيَٰنِهِمْ يَعْمَهُونَ 15 أُوْلَٰٓئِكَ

ٱلَّذِينَ ٱشْتَرَوُاْ ٱلضَّلَٰلَةَ بِٱلْهُدَىٰ

فَمَا رَبِحَت تِّجَٰرَتُهُمْ وَمَا كَانُوا۟

مُهْتَدِينَ 16 مَثَلُهُمْ كَمَثَلِ ٱلَّذِى

ٱسْتَوْقَدَ نَارًا فَلَمَّآ أَضَآءَتْ مَا

حَوْلَهُۥ ذَهَبَ ٱللَّهُ بِنُورِهِمْ وَتَرَكَهُمْ

فِى ظُلُمَٰتٍ لَّا يُبْصِرُونَ 17 صُمٌّۢ

بُكْمٌ عُمْىٌ فَهُمْ لَا يَرْجِعُونَ 18 أَوْ

كَصَيِّبٍ مِّنَ ٱلسَّمَآءِ فِيهِ ظُلُمَٰتٌ

وَرَعْدٌ وَبَرْقٌ يَجْعَلُونَ أَصَٰبِعَهُمْ فِىٓ

ءَاذَانِهِم مِّنَ ٱلصَّوَٰعِقِ حَذَرَ ٱلْمَوْتِ ج

وَٱللَّهُ مُحِيطٌۢ بِٱلْكَٰفِرِينَ 19

يَكَادُ ٱلْبَرْقُ يَخْطَفُ أَبْصَٰرَهُمْ ۖ
كُلَّمَآ أَضَآءَ لَهُم مَّشَوْا۟ فِيهِ وَإِذَآ
أَظْلَمَ عَلَيْهِمْ قَامُوا۟ ۚ وَلَوْ شَآءَ ٱللَّهُ
لَذَهَبَ بِسَمْعِهِمْ وَأَبْصَٰرِهِمْ ۚ إِنَّ ٱللَّهَ
عَلَىٰ كُلِّ شَىْءٍ قَدِيرٌ 20 يَٰٓأَيُّهَا

ٱلنَّاسُ ٱعْبُدُوا۟ رَبَّكُمُ ٱلَّذِى خَلَقَكُمْ

وَٱلَّذِينَ مِن قَبْلِكُمْ لَعَلَّكُمْ تَتَّقُونَ 21

ٱلَّذِى جَعَلَ لَكُمُ ٱلْأَرْضَ فِرَٰشًا

وَٱلسَّمَآءَ بِنَآءً وَأَنزَلَ مِنَ ٱلسَّمَآءِ

مَآءً فَأَخْرَجَ بِهِۦ مِنَ ٱلثَّمَرَٰتِ رِزْقًا

لَكُمْ صلے فَلَا تَجْعَلُوا۟ لِلَّهِ أَندَادًا وَأَنتُمْ

تَعْلَمُونَ 22 وَإِن كُنتُمْ فِى رَيْبٍ

مِّمَّا نَزَّلْنَا عَلَىٰ عَبْدِنَا فَأْتُوا۟ بِسُورَةٍ

مِّن مِّثْلِهِۦ وَٱدْعُوا۟ شُهَدَآءَكُم مِّن

دُونِ ٱللَّهِ إِن كُنتُمْ صَٰدِقِينَ 23

فَإِن لَّمْ تَفْعَلُوا۟ وَلَن تَفْعَلُوا۟

فَٱتَّقُوا۟ ٱلنَّارَ ٱلَّتِى وَقُودُهَا ٱلنَّاسُ

صلى

وَٱلْحِجَارَةُ أُعِدَّتْ لِلْكَـٰفِرِينَ 24

وَبَشِّرِ ٱلَّذِينَ ءَامَنُوا۟ وَعَمِلُوا۟

ٱلصَّـٰلِحَـٰتِ أَنَّ لَهُمْ جَنَّـٰتٍ تَجْرِى

مِن تَحۡتِهَا ٱلۡأَنۡهَٰرُ ۖ كُلَّمَا رُزِقُواْ

مِنۡهَا مِن ثَمَرَةٖ رِّزۡقٗا ۙ قَالُواْ هَٰذَا

ٱلَّذِى رُزِقۡنَا مِن قَبۡلُ ۖ وَأُتُواْ بِهِۦ

مُتَشَٰبِهٗا ۖ وَلَهُمۡ فِيهَآ أَزۡوَٰجٞ

مُّطَهَّرَةٞ ۖ وَهُمۡ فِيهَا خَٰلِدُونَ 25

إِنَّ ٱللَّهَ لَا يَسْتَحْىِۦٓ أَن يَضْرِبَ

مَثَلًا مَّا بَعُوضَةً فَمَا فَوْقَهَا ج فَأَمَّا

ٱلَّذِينَ ءَامَنُوا۟ فَيَعْلَمُونَ أَنَّهُ ٱلْحَقُّ

مِن رَّبِّهِمْ صلى وَأَمَّا ٱلَّذِينَ كَفَرُوا۟

فَيَقُولُونَ مَاذَآ أَرَادَ ٱللَّهُ بِهَـٰذَا مَثَلًا ۘ

يُضِلُّ بِهِۦ كَثِيرًا وَيَهْدِى بِهِۦ كَثِيرًا ج

وَمَا يُضِلُّ بِهِۦٓ إِلَّا ٱلْفَٰسِقِينَ 26

ٱلَّذِينَ يَنقُضُونَ عَهْدَ ٱللَّهِ مِنۢ بَعْدِ

مِيثَٰقِهِۦ وَيَقْطَعُونَ مَآ أَمَرَ ٱللَّهُ بِهِۦٓ

أَن يُوصَلَ وَيُفْسِدُونَ فِى ٱلْأَرْضِ ج

أُو۟لَـٰٓئِكَ هُمُ ٱلْخَـٰسِرُونَ 27 كَيْفَ

تَكْفُرُونَ بِٱللَّهِ وَكُنتُمْ أَمْوَٰتًا

فَأَحْيَـٰكُمْ صلى ثُمَّ يُمِيتُكُمْ ثُمَّ يُحْيِيكُمْ

ثُمَّ إِلَيْهِ تُرْجَعُونَ 28 هُوَ ٱلَّذِى خَلَقَ

لَكُم مَّا فِى ٱلْأَرْضِ جَمِيعًا ثُمَّ

ٱسْتَوَىٰٓ إِلَى ٱلسَّمَآءِ فَسَوَّىٰهُنَّ

سَبْعَ سَمَٰوَٰتٍ ۚ وَهُوَ بِكُلِّ شَىْءٍ

عَلِيمٌ 29 وَإِذْ قَالَ رَبُّكَ لِلْمَلَٰٓئِكَةِ

إِنِّى جَاعِلٌ فِى ٱلْأَرْضِ خَلِيفَةً ۖ

قَالُوٓا۟ أَتَجْعَلُ فِيهَا مَن يُفْسِدُ فِيهَا

وَيَسْفِكُ ٱلدِّمَآءَ وَنَحْنُ نُسَبِّحُ

بِحَمْدِكَ وَنُقَدِّسُ لَكَ صلى قَالَ إِنِّىٓ

أَعْلَمُ مَا لَا تَعْلَمُونَ 30

وَعَلَّمَ ءَادَمَ ٱلْأَسْمَآءَ

كُلَّهَا ثُمَّ عَرَضَهُمْ عَلَى ٱلْمَلَٰٓئِكَةِ

فَقَالَ أَنۢبِـُٔونِى بِأَسْمَآءِ هَٰٓؤُلَآءِ إِن

كُنتُمْ صَٰدِقِينَ 31 قَالُوا۟ سُبْحَٰنَكَ

لَا عِلْمَ لَنَآ إِلَّا مَا عَلَّمْتَنَآ ۖ إِنَّكَ

أَنتَ ٱلْعَلِيمُ ٱلْحَكِيمُ 32 قَالَ يَٰٓـَٔادَمُ

أَنۢبِئْهُم بِأَسْمَآئِهِمْ ۖ فَلَمَّآ أَنۢبَأَهُم

بِأَسْمَآئِهِمْ قَالَ أَلَمْ أَقُل لَّكُمْ إِنِّىٓ

أَعْلَمُ غَيْبَ ٱلسَّمَٰوَٰتِ وَٱلْأَرْضِ

وَأَعْلَمُ مَا تُبْدُونَ وَمَا كُنتُمْ

تَكْتُمُونَ 33 وَإِذْ قُلْنَا لِلْمَلَٰٓئِكَةِ

ٱسْجُدُوا۟ لِـَٔادَمَ فَسَجَدُوٓا۟ إِلَّآ إِبْلِيسَ

أَبَىٰ وَٱسْتَكْبَرَ وَكَانَ مِنَ ٱلْكَٰفِرِينَ 34

وَقُلْنَا يَـٰٓـَٔادَمُ ٱسْكُنْ أَنتَ وَزَوْجُكَ

ٱلْجَنَّةَ وَكُلَا مِنْهَا رَغَدًا حَيْثُ

شِئْتُمَا وَلَا تَقْرَبَا هَٰذِهِ ٱلشَّجَرَةَ

فَتَكُونَا مِنَ ٱلظَّٰلِمِينَ 35 فَأَزَلَّهُمَا

ٱلشَّيْطَٰنُ عَنْهَا فَأَخْرَجَهُمَا مِمَّا

كَانَا فِيهِ ۖ وَقُلْنَا ٱهْبِطُوا۟ بَعْضُكُمْ

لِبَعْضٍ عَدُوٌّ ۖ وَلَكُمْ فِى ٱلْأَرْضِ

مُسْتَقَرٌّ وَمَتَٰعٌ إِلَىٰ حِينٍ 36

فَتَلَقَّىٰٓ ءَادَمُ مِن رَّبِّهِۦ كَلِمَٰتٍ

فَتَابَ عَلَيْهِ ج إِنَّهُۥ هُوَ ٱلتَّوَّابُ

ٱلرَّحِيمُ 37

قُلْنَا ٱهْبِطُوا۟ مِنْهَا جَمِيعًا صلى فَإِمَّا

يَأْتِيَنَّكُم مِّنِّى هُدًى فَمَن تَبِعَ هُدَاىَ

فَلَا خَوْفٌ عَلَيْهِمْ وَلَا هُمْ يَحْزَنُونَ 38

وَٱلَّذِينَ كَفَرُوا۟ وَكَذَّبُوا۟ بِـَٔايَـٰتِنَآ

أُو۟لَـٰٓئِكَ أَصْحَـٰبُ ٱلنَّارِ صلى هُمْ فِيهَا

خَـٰلِدُونَ 39

يَٰبَنِىٓ إِسْرَٰٓءِيلَ ٱذْكُرُوا۟ نِعْمَتِىَ ٱلَّتِىٓ

أَنْعَمْتُ عَلَيْكُمْ وَأَوْفُوا۟ بِعَهْدِىٓ

أُوفِ بِعَهْدِكُمْ وَإِيَّٰىَ فَٱرْهَبُونِ **40**

وَءَامِنُوا۟ بِمَآ أَنزَلْتُ مُصَدِّقًا لِّمَا

مَعَكُمْ وَلَا تَكُونُوٓا۟ أَوَّلَ كَافِرٍۭ بِهِۦ صلى

وَلَا تَشْتَرُوا۟ بِـَٔايَٰتِى ثَمَنًا قَلِيلًا

وَإِيَّٰىَ فَٱتَّقُونِ **41** وَلَا تَلْبِسُوا۟

ٱلْحَقَّ بِٱلْبَٰطِلِ وَتَكْتُمُوا۟ ٱلْحَقَّ

وَأَنتُمْ تَعْلَمُونَ **42** وَأَقِيمُوا۟

ٱلصَّلَوٰةَ وَءَاتُوا۟ ٱلزَّكَوٰةَ وَٱرْكَعُوا۟

مَعَ ٱلرَّٰكِعِينَ 43

أَتَأْمُرُونَ ٱلنَّاسَ بِٱلْبِرِّ وَتَنسَوْنَ

أَنفُسَكُمْ وَأَنتُمْ تَتْلُونَ ٱلْكِتَٰبَ ج

أَفَلَا تَعْقِلُونَ 44

وَٱسْتَعِينُوا۟ بِٱلصَّبْرِ وَٱلصَّلَوٰةِ ج

وَإِنَّهَا لَكَبِيرَةٌ إِلَّا عَلَى ٱلْخَٰشِعِينَ 45

ٱلَّذِينَ يَظُنُّونَ أَنَّهُم مُّلَٰقُوا۟ رَبِّهِمْ

وَأَنَّهُمْ إِلَيْهِ رَٰجِعُونَ 46

يَٰبَنِىٓ إِسْرَٰٓءِيلَ ٱذْكُرُوا۟ نِعْمَتِىَ

ٱلَّتِىٓ أَنْعَمْتُ عَلَيْكُمْ وَأَنِّى

فَضَّلْتُكُمْ عَلَى ٱلْعَٰلَمِينَ **47** وَٱتَّقُوا۟

يَوْمًا لَّا تَجْزِى نَفْسٌ عَن نَّفْسٍ شَيْـًٔا

وَلَا يُقْبَلُ مِنْهَا شَفَٰعَةٌ وَلَا يُؤْخَذُ

مِنْهَا عَدْلٌ وَلَا هُمْ يُنصَرُونَ **48** وَإِذْ

نَجَّيْنَٰكُم مِّنْ ءَالِ فِرْعَوْنَ

يَسُومُونَكُمْ سُوٓءَ ٱلْعَذَابِ يُذَبِّحُونَ

أَبْنَآءَكُمْ وَيَسْتَحْيُونَ نِسَآءَكُمْ ج وَفِى

ذَٰلِكُم بَلَآءٌ مِّن رَّبِّكُمْ عَظِيمٌ **49** وَإِذْ

فَرَقْنَا بِكُمُ ٱلْبَحْرَ فَأَنجَيْنَٰكُمْ وَأَغْرَقْنَآ

ءَالَ فِرْعَوْنَ وَأَنتُمْ تَنظُرُونَ 50

وَإِذْ وَٰعَدْنَا مُوسَىٰٓ أَرْبَعِينَ

لَيْلَةً ثُمَّ ٱتَّخَذْتُمُ ٱلْعِجْلَ مِنۢ بَعْدِهِۦ

وَأَنتُمْ ظَٰلِمُونَ 51

ثُمَّ عَفَوْنَا عَنكُم مِّنۢ بَعْدِ ذَٰلِكَ

لَعَلَّكُمْ تَشْكُرُونَ 52 وَإِذْ ءَاتَيْنَا

مُوسَى ٱلْكِتَٰبَ وَٱلْفُرْقَانَ لَعَلَّكُمْ

تَهْتَدُونَ 53

وَإِذْ قَالَ مُوسَىٰ لِقَوْمِهِۦ يَٰقَوْمِ

إِنَّكُمْ ظَلَمْتُمْ أَنفُسَكُم بِٱتِّخَاذِكُمُ

ٱلْعِجْلَ فَتُوبُوٓا۟ إِلَىٰ بَارِئِكُمْ

فَٱقْتُلُوٓا۟ أَنفُسَكُمْ ذَٰلِكُمْ خَيْرٌ لَّكُمْ

عِندَ بَارِئِكُمْ فَتَابَ عَلَيْكُمْ ج إِنَّهُۥ هُوَ

ٱلتَّوَّابُ ٱلرَّحِيمُ 54

وَإِذْ قُلْتُمْ يَـٰمُوسَىٰ لَن نُّؤْمِنَ لَكَ

حَتَّىٰ نَرَى ٱللَّهَ جَهْرَةً فَأَخَذَتْكُمُ

ٱلصَّـٰعِقَةُ وَأَنتُمْ تَنظُرُونَ 55 ثُمَّ

بَعْثْنَٰكُم مِّنۢ بَعْدِ مَوْتِكُمْ لَعَلَّكُمْ

تَشْكُرُونَ 56

وَظَلَّلْنَا عَلَيْكُمُ ٱلْغَمَامَ وَأَنزَلْنَا

عَلَيْكُمُ ٱلْمَنَّ وَٱلسَّلْوَىٰ ۖ كُلُوا۟ مِن

طَيِّبَٰتِ مَا رَزَقْنَٰكُمْ ۖ وَمَا ظَلَمُونَا

وَلَٰكِن كَانُوٓاْ أَنفُسَهُمۡ يَظۡلِمُونَ 57

وَإِذۡ قُلۡنَا ٱدۡخُلُواْ هَٰذِهِ ٱلۡقَرۡيَةَ فَكُلُواْ

مِنۡهَا حَيۡثُ شِئۡتُمۡ رَغَدٗا وَٱدۡخُلُواْ

ٱلۡبَابَ سُجَّدٗا وَقُولُواْ حِطَّةٞ نَّغۡفِرۡ

لَكُمۡ خَطَٰيَٰكُمۡۚ وَسَنَزِيدُ

ٱلْمُحْسِنِينَ 58 فَبَدَّلَ ٱلَّذِينَ ظَلَمُوا۟

قَوْلًا غَيْرَ ٱلَّذِى قِيلَ لَهُمْ فَأَنزَلْنَا

عَلَى ٱلَّذِينَ ظَلَمُوا۟ رِجْزًا مِّنَ

ٱلسَّمَآءِ بِمَا كَانُوا۟ يَفْسُقُونَ 59

وَإِذِ ٱسْتَسْقَىٰ مُوسَىٰ

لِقَوْمِهِۦ فَقُلْنَا ٱضْرِب بِّعَصَاكَ

ٱلْحَجَرَ ۖ فَٱنفَجَرَتْ مِنْهُ ٱثْنَتَا عَشْرَةَ

عَيْنًا ۖ قَدْ عَلِمَ كُلُّ أُنَاسٍ مَّشْرَبَهُمْ ۖ

كُلُوا۟ وَٱشْرَبُوا۟ مِن رِّزْقِ ٱللَّهِ وَلَا

تَعْثَوْا۟ فِى ٱلْأَرْضِ مُفْسِدِينَ **60**

وَإِذْ قُلْتُمْ يَٰمُوسَىٰ لَن نَّصْبِرَ عَلَىٰ

طَعَامٍ وَٰحِدٍ فَٱدْعُ لَنَا رَبَّكَ يُخْرِجْ لَنَا

مِمَّا تُنۢبِتُ ٱلْأَرْضُ مِنۢ بَقْلِهَا

وَقِثَّآئِهَا وَفُومِهَا وَعَدَسِهَا وَبَصَلِهَا صلى

قَالَ أَتَسْتَبْدِلُونَ ٱلَّذِى هُوَ أَدْنَىٰ

بِٱلَّذِى هُوَ خَيْرٌ ج ٱهْبِطُوا۟ مِصْرًا فَإِنَّ

لَكُم مَّا سَأَلْتُمْ قلى وَضُرِبَتْ عَلَيْهِمُ

ٱلذِّلَّةُ وَٱلْمَسْكَنَةُ وَبَآءُو بِغَضَبٍ

مِّنَ ٱللَّهِ قلى ذَٰلِكَ بِأَنَّهُمْ كَانُوا۟

يَكْفُرُونَ بِـَٔايَـٰتِ ٱللَّهِ وَيَقْتُلُونَ

ٱلنَّبِيِّـۧنَ بِغَيْرِ ٱلْحَقِّ قلى ذَٰلِكَ بِمَا

عَصَوا۟ وَّكَانُوا۟ يَعْتَدُونَ **61** إِنَّ ٱلَّذِينَ

ءَامَنُوا۟ وَٱلَّذِينَ هَادُوا۟ وَٱلنَّصَـٰرَىٰ

وَٱلصَّٰبِـِٔينَ مَنْ ءَامَنَ بِٱللَّهِ وَٱلْيَوْمِ

ٱلْـَٔاخِرِ وَعَمِلَ صَٰلِحًا فَلَهُمْ أَجْرُهُمْ

عِندَ رَبِّهِمْ وَلَا خَوْفٌ عَلَيْهِمْ وَلَا

هُمْ يَحْزَنُونَ **62** وَإِذْ أَخَذْنَا مِيثَٰقَكُمْ

وَرَفَعْنَا فَوْقَكُمُ ٱلطُّورَ خُذُوا۟ مَآ

ءَاتَيْنَٰكُم بِقُوَّةٍ وَٱذْكُرُوا۟ مَا فِيهِ

لَعَلَّكُمْ تَتَّقُونَ 63 ثُمَّ تَوَلَّيْتُم مِّنۢ بَعْدِ

ذَٰلِكَ صلى فَلَوْلَا فَضْلُ ٱللَّهِ عَلَيْكُمْ

وَرَحْمَتُهُۥ لَكُنتُم مِّنَ ٱلْخَٰسِرِينَ 64

وَلَقَدْ عَلِمْتُمُ ٱلَّذِينَ ٱعْتَدَوْا۟ مِنكُمْ

فِي ٱلسَّبۡتِ فَقُلۡنَا لَهُمۡ كُونُواْ قِرَدَةً

خَٰسِـِٔينَ 65 فَجَعَلۡنَٰهَا نَكَٰلٗا لِّمَا

بَيۡنَ يَدَيۡهَا وَمَا خَلۡفَهَا وَمَوۡعِظَةٗ

لِّلۡمُتَّقِينَ 66 وَإِذۡ قَالَ مُوسَىٰ

لِقَوۡمِهِۦٓ إِنَّ ٱللَّهَ يَأۡمُرُكُمۡ أَن تَذۡبَحُواْ

بَقَرَةً ۖ قَالُوٓا۟ أَتَتَّخِذُنَا هُزُوًا ۖ قَالَ

أَعُوذُ بِٱللَّهِ أَنْ أَكُونَ مِنَ ٱلْجَٰهِلِينَ 67

قَالُوا۟ ٱدْعُ لَنَا رَبَّكَ يُبَيِّن لَّنَا مَا هِىَ ۚ

قَالَ إِنَّهُۥ يَقُولُ إِنَّهَا بَقَرَةٌ لَّا فَارِضٌ

وَلَا بِكْرٌ عَوَانٌۢ بَيْنَ ذَٰلِكَ ۖ فَٱفْعَلُوا۟

مَا تُؤْمَرُونَ 68 قَالُوا۟ ٱدْعُ لَنَا رَبَّكَ

يُبَيِّن لَّنَا مَا لَوْنُهَا ج قَالَ إِنَّهُۥ يَقُولُ

إِنَّهَا بَقَرَةٌ صَفْرَآءُ فَاقِعٌ لَّوْنُهَا تَسُرُّ

ٱلنَّـٰظِرِينَ 69

قَالُواْ ٱدْعُ لَنَا رَبَّكَ يُبَيِّن لَّنَا مَا هِيَ

إِنَّ ٱلْبَقَرَ تَشَٰبَهَ عَلَيْنَا وَإِنَّآ إِن شَآءَ

ٱللَّهُ لَمُهْتَدُونَ 70 قَالَ إِنَّهُۥ يَقُولُ

إِنَّهَا بَقَرَةٌ لَّا ذَلُولٌ تُثِيرُ ٱلْأَرْضَ وَلَا

تَسْقِى ٱلْحَرْثَ مُسَلَّمَةٌ لَّا شِيَةَ

فِيهَا ج قَالُوا الْـَٔـٰنَ جِئْتَ بِالْحَقِّ ج

فَذَبَحُوهَا وَمَا كَادُوا يَفْعَلُونَ 71 وَإِذْ

قَتَلْتُمْ نَفْسًا فَادَّٰرَٰٔتُمْ فِيهَا صلے وَاللَّهُ

مُخْرِجٌ مَّا كُنتُمْ تَكْتُمُونَ 72 فَقُلْنَا

اضْرِبُوهُ بِبَعْضِهَا ج كَذَٰلِكَ يُحْيِ اللَّهُ

ٱلْمَوْتَىٰ وَيُرِيكُمْ ءَايَٰتِهِۦ لَعَلَّكُمْ

تَعْقِلُونَ 73 ثُمَّ قَسَتْ قُلُوبُكُم مِّنۢ

بَعْدِ ذَٰلِكَ فَهِىَ كَٱلْحِجَارَةِ أَوْ أَشَدُّ

قَسْوَةً ج وَإِنَّ مِنَ ٱلْحِجَارَةِ لَمَا

يَتَفَجَّرُ مِنْهُ ٱلْأَنْهَٰرُ ج وَإِنَّ مِنْهَا لَمَا

يَشَّقَّقُ فَيَخْرُجُ مِنْهُ ٱلْمَآءُ ج وَإِنَّ

مِنْهَا لَمَا يَهْبِطُ مِنْ خَشْيَةِ ٱللَّهِ قلى

وَمَا ٱللَّهُ بِغَٰفِلٍ عَمَّا تَعْمَلُونَ 74

End of Hizb 1

والحمد لله